Enid Artursdottir

Unterhaltsrückstände

Enid Artursdottir

Unterhaltsrückstände

Festsetzungsverfahren

Trainerverlag

Imprint

Cover image: www.ingimage.com

Publisher:
Der Trainerverlag
is a trademark of
International Book Market Service Ltd., member of OmniScriptum Publishing Group
17 Meldrum Street, Beau Bassin 71504, Mauritius
Printed at: see last page
ISBN: 978-620-0-76961-9

Inhaltsverzeichnis:

I. Zurückweisungsantrag:

1. Schreiben des Jugendamts an die Kindesmutter:[1]

Beistandschaft für Ihre beiden Kinder

Sehr geehrte Kindesmutter,

Anbei das Anschreiben des Gerichts, der Schriftsatz der Gegenseite und die Anlage.

Dies erhalten Sie zur Kenntnisnahme und ggfs. zur Stellungnahme.

Mit freundlichen Grüßen
Im Auftrag

Sachbearbeiter

[1] 24.04.2020

2. Schreiben des Amtsgerichts an das Jugendamt:[2]

Aktenzeichen

In Sachen
Erstes Kind ./. Kindesvater
wg. Unterhalt Kind

Sehr geehrte Damen und Herren,

richterlicher Anordnung gemäß erhalten Sie die anliegenden Unterlagen zur Kenntnis- und Stellungnahme binnen 2 Wochen.

Mit freundlichen Grüßen
Auf Anordnung

Justizbeschäftigte
Dieses Schreiben wurde elektronisch erstellt und ist ohne Unterschrift gültig.

[2] 17.04.2020

3. Schreiben des Anwalts an das Amtsgericht:[3]

vorab per Fax

Aktenzeichen

In Sachen

Erstes Kind ./. Kindesvater

nehmen wir in Erledigung der Verfügung vom 25.03.2020 zum Schriftsatz der Antragstellerinnen vom 18.03.2020 ergänzend wie folgt Stellung:

Wie bereits vorgetragen hat der Antragsgegner mit der Kindesmutter und den Kindern bis zur Trennung im Jahr 2018 zusammengelebt; aus der Verbindung ist das weitere Kind hervorgegangen. Die gegenteiligen Behauptungen sind unzutreffend. Dass der Antragsgegner zusammen mit der Kindesmutter auch gewirtschaftet hat, wird von der Gegenseite auch gar nicht bestritten. Der Antragsgegner hat regelmäßig Einkäufe für den Bedarf der gesamten Familie in erheblichem Umfang erledigt und bezahlt, sogar Hausgeld geleistet.

[3] 15.04.2020

Falsch ist auch die ins Blaue hinein aufgestellte Behauptung, der Antragsgegner hätte Elterngeld zurückzahlen müssen. Auf den als **Anlage B 2** beigefügten Bescheid des Landkreises vom 26.06.2017 wird verwiesen.

Ein rückständiger streitgegenständlicher Unterhaltsanspruch für das Jahr 2016 ist nicht existent und ist bis heute von den Antragstellerinnen auch nicht substantiiert dargelegt worden (§§ 1613, 1601 ff. BGB), woran wir hier wiederholt erinnern. Auch ist im Jahr 2016 nie ein Unterhaltsanspruch nach § 1615 l BGB geltend gemacht worden.

Es gab im Jahr 2016 weder schriftliche, noch mündlich bezifferte Unterhaltsforderungen, noch wird dies überhaupt von den Antragstellerinnen dargelegt. Die Behauptung, es habe mündliche Zahlungsaufforderungen und/oder Mahnungen gegeben, ist zudem – wie der nebulöse und in sich widersprüchliche Vortrag der Antragstellerinnen im Übrigen – gänzlich unsubstantiiert und unerheblich.

Erstmals über das als Beistand tätige Jugendamt ist im August 2018 Kindesunterhalt geltend gemacht worden, der im Anschluss auch für die Zeit ab August 2018ff. geregelt worden ist.

Wir erinnern im Übrigen auf den Hinweis des Gerichts vom 21.01.2020 zu Ziffer 2.2. und verweisen auf unseren sonstigen Vortrag.

Die Zahlungsanträge sind unbegründet und zurückzuweisen.

Rechtsanwalt

4. Schreiben der Kindesmutter an das Jugendamt:[4]

Sehr geehrter Herr Sachbearbeiter,

Ihr Schreiben vom 24.04.2020 wurde mir heute postalisch zugestellt.

Zum Schreiben der Gegenseite vom 15.04.2020 nehme ich wie folgt Stellung:

1. Kindesmutter und Antragsgegner leben bzw. lebten seit dem 04.03.2016 getrennt: die Kindesmutter unter folgender Anschrift, der Antragsgegner unter folgender Anschrift;

2. Die Kindesmutter wirtschaftete in ihrem Haushalt für die minderjährigen Kinder, der Antragsgegner wirtschaftete in seinem Haushalt für sich alleine – bis auf den heutigen Tag;

3. Die regelmäßig Einkäufe „in erheblichem Umfang" erledigte und bezahlte er für seinen eigenen Haushalt (s.o.);

4. Das sog. „Hausgeld" leistete er lediglich für die beiden Kalendermonate Juli und August 2016;

5. Der Antragsgegner musste aufgrund seines erheblichen Einkommens innerhalb seiner selbständigen Tätigkeit

[4] 25.04.2020

Elterngeld in Höhe von mindestens 9.000 EUR bis 10.000 EUR an die Elterngeldkasse zurückzahlen;

6. Er forderte seinerzeit sogar die Kindesmutter dazu auf, an seiner Statt die Rückzahlung dieses Betrages zu übernehmen;

7. Die benötigte Klarheit in dieser umstrittenen Angelegenheit sollte eine Auskunft bei der Sachbearbeiterin der Elterngeldstelle bringen;

8. Die immense Höhe des Einkommens innerhalb der selbständigen Tätigkeit des Antragsgegners dürfte im parallel laufenden Verfahren bezüglich der Klage auf Auskunft des Einkommens ab 2016 ermittelt werden;

9. Für die Monate März 2016 bis Juni 2016 wurde nur deshalb Kindesunterhalt des Antragsgegners für die beiden Zwillinge geleistet, WEIL die Thematik des Unterhaltsanspruches zwischen beiden Elternteilen ausdrücklich besprochen worden IST!;

10. Nach der Einstellung der Unterhaltszahlungen wurde für die beiden Folgemonate das sog. „Hausgeld" überwiesen;

11. Im Jahr 2016 wurde – insbesondere in Folge des Unterhaltsverfahrens mit dem Exmann der Kindesmutter – STETS und WIEDERHOLT die Verpflichtung zur

Unterhaltszahlung durch den Antragsgegner für die minderjährigen Kinder thematisiert;

12. Konkrete Angaben finden Sie in der Auflistung der Inverzugsetzung, welche dem Gericht bereits in schriftlicher Form vorliegt;

13. Wie im Parallelverfahren bezüglich des Auskunftsantrages ersichtlich werden dürfte, sind die negierenden Formulierungen Standardphrasen der Gegenseite: „unzutreffend", „unsubstantiiert", „unerheblich", „unbegründet" und „zurückzuweisen".

Mit freundlichen Grüßen

Kindesmutter

5. Schreiben des Jugendamts an die Kindesmutter:[5]

Sehr geehrte Kindesmutter,

sofern Sie meinem Kollegen eine Stellungnahme zu dem Schreiben vom 15.04.2020 zugesendet haben bitte ich um erneute Zusendung an mich, da ich heute keinen Zugriff auf dessen Mailfach habe.

Er bleibt jedoch Ihr Sachbearbeiter.
Nur die zu dem oben genannten Schreiben mögliche Stellungnahme wird von mir vertretungsweise erstellt.

Mit freundlichen Grüßen
Im Auftrag

Sachbearbeiterin

[5] 30.04.2020

6. Schreiben der Kindesmutter an das Jugendamt:[6]

Mein Schreiben an Ihren Kollegen vom 25.04.2020 (13:11 Uhr):

Sehr geehrter Herr Sachbearbeiter,

Ihr Schreiben vom 24.04.2020 wurde mir heute postalisch zugestellt.

Zum Schreiben der Gegenseite vom 15.04.2020 nehme ich wie folgt Stellung:

1. Kindesmutter und Antragsgegner leben bzw. lebten seit dem 04.03.2016 getrennt: die Kindesmutter unter folgender Anschrift, der Antragsgegner unter folgender Anschrift;

2. Die Kindesmutter wirtschaftete in ihrem Haushalt für die minderjährigen Kinder, der Antragsgegner wirtschaftete in seinem Haushalt für sich alleine – bis auf den heutigen Tag;

3. Die regelmäßig Einkäufe „in erheblichem Umfang“ erledigte und bezahlte er für seinen eigenen Haushalt (s.o.);

4. Das sog. „Hausgeld“ leistete er lediglich für die beiden Kalendermonate Juli und August 2016;

[6] 30.04.2020

5. Der Antragsgegner musste aufgrund seines erheblichen Einkommens innerhalb seiner selbständigen Tätigkeit Elterngeld in Höhe von mindestens 9.000 EUR bis 10.000 EUR an die Elterngeldkasse zurückzahlen;

6. Er forderte seinerzeit sogar die Kindesmutter dazu auf, an seiner Statt die Rückzahlung dieses Betrages zu übernehmen;

7. Die benötigte Klarheit in dieser umstrittenen Angelegenheit sollte eine Auskunft bei der Sachbearbeiterin der Elterngeldstelle bringen;

8. Die immense Höhe des Einkommens innerhalb der selbständigen Tätigkeit des Antragsgegners dürfte im parallel laufenden Verfahren bezüglich der Klage auf Auskunft des Einkommens ab 2016 ermittelt werden;

9. Für die Monate März 2016 bis Juni 2016 wurde nur deshalb Kindesunterhalt des Antragsgegners für die beiden Zwillinge geleistet, WEIL die Thematik des Unterhaltsanspruches zwischen beiden Elternteilen ausdrücklich besprochen worden IST!;

10. Nach der Einstellung der Unterhaltszahlungen wurde für die beiden Folgemonate das sog. „Hausgeld“ überwiesen;

11. Im Jahr 2016 wurde – insbesondere in Folge des Unterhaltsverfahrens mit dem Exmann der Kindesmutter – STETS und WIEDERHOLT die Verpflichtung zur Unterhaltszahlung durch den Antragsgegner für die minderjährigen Kinder thematisiert;

12. Konkrete Angaben finden Sie in der Auflistung der Inverzugsetzung, welche dem Gericht bereits in schriftlicher Form vorliegt;

13. Wie im Parallelverfahren bezüglich des Auskunftsantrages ersichtlich werden dürfte, sind die negierenden Formulierungen Standardphrasen der Gegenseite: „unzutreffend“, „unsubstantiiert“, „unerheblich“, „unbegründet“ und „zurückzuweisen“.

Mit freundlichen Grüßen

Kindesmutter

7. Schreiben des Jugendamts an die Kindesmutter:[7]

Abschrift Schreiben ans Gericht

Sehr geehrte Kindesmutter,

anliegend übersenden wir die Abschrift des an das Gericht gesendeten Schreibens.

Mit freundlichen Grüßen
Im Auftrag

Sachbearbeiterin

[7] 04.05.2020

8. Schreiben des Jugendamts an das Gericht:[8]

Sehr geehrte Damen und Herren,

im Verfahren

erstes Kind u.a. ./. Kindesvater

Aktenzeichen

nehmen wir zum Hinweis des Gerichts gemäß Schreiben vom 25.03.2020 wie folgt Stellung:

Nach Mitteilung der Kindesmutter sind mehrfach in regelmäßigen Abständen mündliche Aufforderungen zur Unterhaltszahlung im Jahr 2016 und auch in den Folgejahren bis 2018 immer wieder erfolgt.

Durch Mails vom 09.04.2018 und 23.07.2018, welche dem Gericht mit der Antragsschrift als Anlage 2 vorgelegt wurden, ist der Antragsgegner ebenfalls darauf hingewiesen worden, dass er Unterhalt schuldet.

Da die Kindeseltern aufgrund der Umgangskontakte zwischen Vater und Kindern immer wieder miteinander zu tun hatten, ergaben sich unzählige Situationen, in denen über Unterhalt gesprochen und mündliche Zahlungsaufforderungen ausgesprochen wurden. Es ist lebensfremd, eine Person mit welcher man aufgrund von Umgangskontakten immer

---

[8] 30.04.2020

wieder zu tun hat, bei jedem Kontakt eine schriftliche Aufforderung zur Unterhaltszahlung zukommen zu lassen.
Im Interesse einer friedlichen Gestaltung der Umgangskontakte und eines friedlichen Miteinanders hatte die Kindesmutter zunächst davon abgesehen, eine Klage auf rückständigen Unterhalt einzureichen, da sie zunächst von einer außergerichtlichen Einigungsmöglichkeit ausging.

Dem Antragsgegner war jedoch ständig bewusst, dass die Kindesmutter Unterhalt forderte, da dies immer wieder verbal thematisiert wurde.
Er kann sich daher nicht auf den Umstand der Verwirkung berufen.

Zum Schriftsatz der Antragsgegnerseite vom 15.04.2020 wird wie folgt Stellung genommen:

Es wird bestritten, dass die Kindesmutter und der Antragsgegner bis zur Trennung im Jahr 2018 zusammen gelebt haben.
Hierzu haben wir wiederholt vorgetragen, dass die Trennung seit dem 04.03.2016 bestanden hat.

Die Tatsache, dass im Jahr 2017 ein weiteres Kind der Parteien geboren wurde, steht der dauerhaften Trennung nicht entgegen.
Eine beim Einwohnermeldeamt einzuholende Auskunft wird bestätigen, dass die Kindeseltern seit März 2016 unterschiedliche Wohnanschriften haben.

Beweis: Auskunft Einwohnermeldeamt, einzuholen im Wege der Amtsermittlung

Bestritten wird, dass der Antragsgegner umfangreiche Einkäufe für die gesamte Familie erledigt hat.

Diese pauschale Behauptung ist nicht haltbar, da er weder Zeiträume nennt, in welchen er angeblich die Familie durch Einkäufe unterstützt hat, noch wird mitgeteilt, was er unter „ regelmäßig und in erheblichem Umfang" versteht.

Die Kindesmutter bestreitet, dass er Einkäufe für die Familie erledigt hat. Sie hat die Einkäufe für die Familie stets selber erledigt und aus eigenem Einkommen bezahlt.

Beweis: Zeugenaussage der Kindesmutter.

Das angesprochene Hausgeld hat er nur für die Monate Juli und August 2016 bezahlt.

Beweis: s.o.

Auch hinsichtlich des gezahlten Hausgeldes bleibt die Angabe des Antragsgegners unkonkret.

Aus der Tatsache, dass sich die Kindesmutter insoweit an Zahlungen in den Monaten Juli und August 2016 erinnert, ist zu schließen, dass es sich um eine seltene und außergewöhnliche Zahlung gehandelt hat.

Wären insoweit regelmäßige und stetige Zahlungen geleistet worden, würde der Antragsgegner vortragen, dass er im gesamten Jahr diese Zahlungen geleistet habe.

Da dies nicht so ist und er nur zwei Monate Zahlungen geleistet hat, kann nicht von einer dauerhaften Unterstützungsleistung zu Gunsten der Kinder ausgegangen werden.

Für die Monate März bis Juni 2016 wurde nur deshalb der Kindesunterhalt für die Zwillinge gezahlt, weil die Thematik des Unterhaltes besprochen worden ist.

Nach der Einstellung des Unterhaltes wurde für die Monate Juli und August 2016 das sogenannte Hausgeld überwiesen.

Dass der Antragsgegner in den Monaten Juli und August 2016 Hausgeld gezahlt hat, belegt, dass ihm schon bewusst ist, dass er einen Beitrag zum Unterhalt der Kinder leisten muss.

Dass ihm durch gezahltes Hausgeld bewusst war, dass er Unterhalt für die Kinder schuldet, belegt auch, dass die Unterhaltsforderung aus dem Jahr 2016 nicht verwirkt sein kann.

Wenn dem Antragsgegner bewusst ist, dass seine Kinder einen finanziellen Anspruch haben, wie auch immer man die Zahlungen dann letztendlich benennt, kann er sich anderseits nicht darauf berufen, nie mit der Unterhaltsfrage konfrontiert worden zu sein.

Auch die Behauptung der angeblich in erheblichem Umfang erledigten regelmäßigen Einkäufe belegt, dass er sich mit dem Thema auseinandergesetzt hat, wie seine Kinder versorgt werden können.
Auch dieser Vortrag steht der Verwirkungseinrede entgegen.

Sobald sich der Antragsgegner mit dem Thema Unterhalt für die Kinder gedanklich befasst hat, kann er sich nicht mehr darauf zurückziehen, dass er angeblich nie etwas davon gehört hat und nie eine Forderung an ihn gestellt wurde.

Einerseits zu sagen, er sei nie zum Unterhalt aufgefordert worden, anderseits aber vorzutragen in welcher Weise er den Unterhalt angeblich sichergestellt habe, widerspricht sich.

Hinsichtlich der Frage des zurück zu zahlenden Elterngeldes ist die Anlage B 2 kein Beweis dafür, dass keine Rückzahlung von Elterngeld zu leisten war.

Das Schreiben vom 26.06.2017 verweist lediglich darauf, dass ein Bescheid vom 11.07.2016 endgültig festgesetzt wurde.
In dem vorgelegten Schreiben ist nicht erwähnt, dass keine Rückzahlung zu leisten ist.

Der Antragsgegner mag den Bescheid vom 11.07.2016 zur Akte reichen.

Die Kindesmutter wurde im Jahr 2016 von ihm aufgefordert, für ihn die Rückzahlung zu übernehmen.

Beweis: Zeugenaussage der Kindesmutter a.a.o

Dass im Jahr 2016 kein Unterhaltsanspruch der Kindesmutter nach § 1615 l BGB geltend gemacht wurde, ist unerheblich bei der Frage, ob den Kindern für das Jahr 2016 noch Kindesunterhalt zusteht.

Mit freundlichen Grüßen

Im Auftrag

Sachbearbeiterin

9. Schreiben des Jugendamts an die Kindesmutter:[9]

Beistandschaft für Kinder

Sehr geehrte Kindesmutter,

X zur Kenntnis

X zur Stellungnahme

Mit freundlichen Grüßen
Im Auftrag

Sachbearbeiter

[9] 29.05.2020

10. Schreiben des Amtsgerichts an das Jugendamt:[10]

Aktenzeichen

In Sachen
Erstes Kind u.a. ./. Kindesvater
wg. Unterhalt Kind

Sehr geehrte Damen und Herren,

richterlicher Anordnung gemäß erhalten Sie die anliegenden Unterlagen zur Kenntnis- und Stellungnahme binnen 2 Wochen.

Mit freundlichen Grüßen
Auf Anordnung

Justizbeschäftigte
Dieses Schreiben wurde elektronisch erstellt und ist ohne Unterschrift gültig.

[10] 27.05.2020

11. Schreiben des Anwalts an das Amtsgericht:[11]

Abschrift

vorab per Fax

Aktenzeichen

In Sachen

Erstes Kind ./. **Kindesvater**

nehmen wir unter Bezugnahme auf die am 11.05.2020 zugegangene Verfügung des Gerichts vom 06.05.2020 zum Schriftsatz der Antragsteller vom 30.04.2020 ergänzend wie folgt Stellung:

Die Zahlungsanträge der darlegungs- und beweisbelasteten Antragsteller sind – worauf wiederholt hingewiesen wird – unsubstantiiert und zurückzuweisen. Auf Verwirkung und illoyal verspätet gemachte Geltendmachung ist lediglich vorsorglich und hilfsweise hingewiesen worden. Die Bedeutung eines hilfsweisen Vortrages verkennen die Bevollmächtigten der Antragsteller offenbar.

[11] 15.04.2020

Der Schriftsatz der Antragsteller erschöpft sich in wiederholt unzutreffenden und gänzlich unsubstantiierten Behauptungen, worauf ebenfalls schon hingewiesen worden ist.

Wegen der Bezugnahme der Antragsteller auf die Antragsschrift und Mails vom 09.04.2018 und 23.07.2018 verweisen wir im Übrigen auf die Hinweise des Gerichts vom 21.01.2020.

Abgesehen davon, dass die Behauptungen der Antragsteller aus rechtlichen wie tatsächlichen Gründen gänzlich verfehlt sind, erinnern wir daran, dass streitgegenständlich rückwirkend geltend gemachte Unterhaltsforderungen für das Jahr 2016 sind.

Wir erinnern auch daran, dass der Antragsgegner mit den Antragstellern und der Kindesmutter bis zum Jahr 2018 zusammengelebt haben und der Antragsgegner Leistungen für den Familienunterhalt erbracht hat, die Kinder betreut und Elterngeld erhalten hat. Zählung von Kindesunterhalt stand nicht in Rede, weil der Antragsgegner mit der Familie zusammenwohnte, Hausgeld bezahlte und neben der Betreuung auch sonstige Leistungen erbrachte.

Das nunmehrige Bestreiten der Mutter bzw. der Antragsteller, ist nicht nur unzutreffend, sondern steht auch offenkundig im Widerspruch zu den Tatsachen und sonstigen Behauptungen der Kindesmutter.

Schon die Zahlung des Hausgeldes und die Leistungen von Elterngeld (dazu siehe Anlagen B 1 und B 2) belegen den Vortrag des Antragsgegners. Die Behauptungen und Deutungen der Antragsteller zum vorgelegten Bescheid der Verwaltungsbehörde vom 26.06.2017 gehen ins Leere; die weiteren Behauptungen zum Elterngeld bzw. einer vermeintlichen Rückforderung sind frei erfunden.

Dass die Bevollmächtigten der Antragsteller i. V. m. der Kindesmutter die Zeugung des am 14.09.2017 geborenen Kindes gar auf Umgangskontakte des Antragsgegners mit den Antragstellern zurückführen wollen, spricht für sich und muss nicht weiter kommentiert werden.

Die von den Bevollmächtigten der Antragsteller in Bezug genommene Schriftsatz (Seite 2) unter Bezugnahme auf Gedächtnislücken der Mutter angestellten sonstigen „Schlussfolgerungen“ sind im Übrigen abenteuerlich.

Rechtsanwalt

12. Schreiben der Kindesmutter an das Jugendamt:[12]

Sehr geehrter Herr Sachbearbeiter,

Ihr Schreiben vom 29.05.2020 wurde mir heute postalisch zugestellt.

Es folgt meine Stellungnahme zum Schreiben der Gegenseite vom 22.05.2020:

1. Sog. „Hausgeld“ leistete der Antragsgegner lediglich für die beiden besagten Kalendermonate Juli und August 2016. Weder hat er jemals zuvor noch darüber hinaus auch nur ein einziges Mal „Hausgeld“ geleistet! Ebenso wenig hat er „Leistungen für den Familienunterhalt“ erbracht.

2. Genauso wenig hat er die Kinder betreut. (Gleichwohl verlangte er wiederkehrend von der Kindesmutter, sie möge ihre Ansprüche bezüglich der Betreuungszeiten für die minderjährigen Kinder an den Antragsgegner abtreten.)

3. Behauptetes Elterngeld in den Jahren 2017/2018 erhielt er insgesamt lediglich für 2 Monate anlässlich der Geburt der jüngsten Tochter: a) Mitte September 2017 bis Mitte Oktober 2017, b) Mitte Dezember 2017 bis Mitte Januar 2018.

[12] 30.05.2020

4. Darüber hinaus verbrachte der Antragsgegner ununterbrochen seine Dienstzeit als Angestellter bei der Firma [...] in [...] täglich von 8 Uhr morgens bis 16:30 Uhr nachmittags und die übrige Zeit mit seiner Tätigkeit als Selbständiger ebenfalls am dortigen Wohnort oder unterwegs als „Außendienstler“.

5. Kindesmutter und Antragsgegner leben seit dem 04.03.2016 getrennt: die Kindesmutter unter folgender Anschrift [...], der Antragsgegner unter der Anschrift [...].

6. Die Kindesmutter wirtschaftete in ihrem Haushalt für sich und ihre minderjährigen Kinder, der Antragsgegner wirtschaftete in seinem Haushalt für sich alleine – bis auf den heutigen Tag. Sog. regelmäßige Einkäufe „in erheblichem Umfang“ erledigte und bezahlte er für seinen eigenen Haushalt.

7. Aufgrund des erheblichen Einkommens innerhalb seiner selbständigen Tätigkeit hatte der Antragsgegner Elterngeld in knapp fünfstelliger Höhe an die Elterngeldkasse zurückzahlen. Benötigte Klarheit in dieser umstrittenen Angelegenheit sollte eine Auskunft bei der Sachbearbeiterin der Elterngeldstelle bringen.

8. Die immense Höhe des Einkommens innerhalb der selbständigen Tätigkeit des Antragsgegners soll bzw. wird voraussichtlich im parallel laufenden Verfahren bezüglich der Klage auf Auskunft des Einkommens ab 2016 ermittelt werden. (Hier hat/te der Antragsgegner trotz dreimaliger Aufforderung keine Verdienstbescheinigungen vorgelegt.)

9. Für März bis Juni 2016 wurde Kindesunterhalt des Antragsgegners für die Zwillinge geleistet, da die Thematik des Unterhaltsanspruches zwischen beiden Elternteilen ausdrücklich besprochen wurde. (Nach der Einstellung der Unterhaltszahlungen wurde für die beiden Folgemonate das sog. „Hausgeld“ überwiesen [s.o.: Juli und August 2016].)

10. Im Jahr 2016 wurde – insbesondere im Zusammenhang mit Unterhaltsforderungen gegen den Exmann der Kindesmutter – regelmäßig die Verpflichtung zur Unterhaltszahlung durch den Antragsgegner für seine minderjährigen Kinder thematisiert. (Konkrete zeitliche Angaben finden sich in der Auflistung der Inverzugsetzung, welche dem Gericht bereits in schriftlicher Form vorliegt.)

11. Wie im Parallelverfahren bezüglich des Auskunftsantrages ersichtlich wird, sind sämtliche negierende Formulierungen („unzutreffend“, „[gänzlich] unsubstantiiert“, „unerheblich“, „unbegründet“, „zurückzuweisen“, u.ä.) schlichtweg Standardphrasen der Gegenseite.

12. Von „illoyalem“ Verhalten sei hingegen zu sprechen, wenn ein vermeintlich fürsorglicher Vater sich mit allen Mitteln und Tricks aus der Verantwortung zu ziehen trachtet, seinen noch minderjährigen Kindern einen angemessenen Kindesunterhalt zukommen zu lassen. (Auf vermeintliche „Gedächtnislücken der Mutter“ von Seiten eines von Alkoholdemenz Betroffenen zu pochen ist „im Übrigen abenteuerlich“, wenn nicht gar wahnwitzig.)

13. Die im letzten Schreiben angeforderten Belege von Seiten der Elterngeldkasse stehen ebenso weiterhin aus wie die Belege seitens des Einwohnermeldeamtes.

Bitte lassen Sie mir die erwähnten Anlagen (B 1 und B2) zukommen.

Mit freundlichen Grüßen

Kindesmutter

13. Schreiben des Jugendamts an die Kindesmutter:[13]

Sehr geehrte Kindesmutter,

viele Dank für Ihre Antwort. Ich gehe davon aus, dass es sich bei den Anlagen B1 und B2 um die beiden Anlagen zum Elterngeld aus den letzten beiden Schriftsätzen handelt. Ich habe dazu nochmal bei der Kanzlei nachgefragt. Die beiden Anlagen, die vermutlich gemeint sind, schicke ich Ihnen nochmal postalisch.

Mit freundlichen Grüßen
Im Auftrag

Sachbearbeiter

[13] 02.06.2020

14. Schreiben der Kindesmutter an das Jugendamt:[14]

Vielen Dank!

Mit freundlichen Grüßen

Kindesmutter

[14] 02.06.2020

15. Schreiben des Jugendamts an die Kindesmutter:[15]

Sehr geehrte Kindesmutter,

Zur Info.

Mit freundlichen Grüßen
Im Auftrag

Sachbearbeiter

[15] 02.06.2020

16. Schreiben des Jugendamts an den Anwalt:[16]

Betreff: Ihr Zeichen:

Sehr geehrte Damen und Herren,

in der vorbezeichneten Angelegenheit nehmen wir Bezug auf Ihren Schriftsatz 22.05.2020. Dem Schriftsatz sind keine Beilagen B1 und B2 beigefügt. Gehen wir Recht in der Annahme, dass es sich dabei um die Anlagen vom 05.03 und 15.04.2020 handelt? Bitte um kurze Bestätigung.

Mit freundlichen Grüßen
Im Auftrag

Sachbearbeiter

[16] 02.06.2020

17. Schreiben des Anwalts an das Jugendamt:[17]

In Sachen Kindesvater ./. Kinder

Sehr geehrte Damen und Herren,

richtig ist, dass wir in dem von Ihnen bezeichneten Schriftsatz vom 22.05.2020 auf die mit vorherigen Schriftsätzen bereits vorgelegten Anlagen Bezug genommen haben.

Mit freundlichen Grüßen

RA

[17] 02.06.2020

13. Schreiben der Kindesmutter an das Jugendamt:[18]

Sehr geehrter Herr Sachbearbeiter,

vielen Dank für die Weiterleitung.

Mit freundlichen Grüßen

Kindesmutter

[18] 02.06.2020

14. Schreiben des Jugendamts an die Kindesmutter:[19]

Beistandschaft für Kinder

Sehr geehrte Kindesmutter,

X Zur Kenntnis

Mit freundlichen Grüßen
Im Auftrag

Sachbearbeiter

- Anlage B1
- Anlage B2

[19] 02.06.2020

15. Schreiben des Jugendamts an die Kindesmutter:[20]

Beistandschaft für Kinder

Sehr geehrte Kindesmutter,

X Zur Kenntnis

Mit freundlichen Grüßen
Im Auftrag

Sachbearbeiter

[20] 05.06.2020

16. Schreiben des Jugendamts an das Gericht:[21]

Sehr geehrte Damen und Herren,

im Verfahren

erstes Kind u.a. ./. Kindesvater

Aktenzeichen

möge das Gericht dem Antragsgegner bitte aufgeben, den Bescheid vom 11.07.2016 vorzulegen.

Dieser beinhaltet eine Entscheidung der Elterngeldstelle der Kreisverwaltung über den Antrag des Antragsgegners bezüglich Elterngeldes.

Hierzu wurde der Antragsgegner bereits im Schreiben vom 30.04.2020 erfolglos aufgefordert.

Außerdem erlauben wir uns den Vorschlag, in der Angelegenheit einen Termin mit einer Parteivernehmung anzuberaumen. Dies sollte dazu beitragen können, die Verhältnisse im Jahr 2016 für alle Beteiligten aufzuklären. Es erscheint derzeit zielführender zu sein, als weiterer schriftlicher Austausch.

[21] 04.06.2020

Der Antragsgegner lässt im Schriftsatz vom 22.05.2020 vortragen, dass er bis 2018 im Haushalt der Antragstellerin gelebt habe und sich dort umfangreich beteiligt habe.

Dies wird weiterhin bestritten. Nach hiesiger Recherche zog der Antragsgegner am 07.03.2016 aus dem Haushalt aus und verzog an seinen jetzigen Wohnort.

Dies spricht damit gegen die Darstellung der Bevollmächtigten des Antragsgegners, wonach dieser dauerhaft im Haushalt gelebt und sich dort eingebracht habe.

Es wirkt durchaus widersprüchlich, wenn zum einen die Meldeanschrift am jetzigen Wohnort vorhanden ist und der Antragsgegner sich durchweg im Haushalt aufgehalten haben soll.

Beweis: Kopie der Behördenauskunft über den Antragsgegner vom 05.06.2020

Mit freundlichen Grüßen
Im Auftrag

Sachbearbeiterin

Erteilung einer Auskunft durch

Zentrale Verwaltung

Auskunftsart:

Behördenauskunft

Ihre Anfragedaten:

Ihr Anfrageanlass:	Unterhaltsgeltendmachtung
Ihr Aktenzeichen:	
Anfragende Stelle:	
Unsere Auftragsnummer:	
Name:	
Vorname:	
Geschlecht:	
Geburtsdatum:	
Geburtsort:	
PLZ / Ort:	
Straße / Hausnummer:	

- Sollten Sie zu dieser Auskunft Rückfragen haben,
geben Sie bitte die o.g. Auftragsnummer an –

Zur Auskunft:

Erteilt am:	05.06.2020 um 07:53 Uhr
Erteilt durch:	Zentrale Verwaltung
Bestand aktualisiert am:	03.06.2020 um 21:59:27 Uhr

Auskunftsstatus:

Status:	Die Auskunft wird erteilt.
Hinweise:	Die betroffene Person wurde eindeutig identifiziert. Daten werden übermittelt. Die Person ist verzogen.

Zur Person:

Doktorgrade:	
Name, Rufname:	
Geburtsname:	
Geschlecht:	männlich
Geburtsdatum:	
Geburtsort:	
Geburtsland:	
Meldestatus:	verzogen
Familienstand:	
Sterbedatum:	
Sterbeort:	
Status Optionsdeutsch:	
Religion	

Anschriften:

Hauptwohnung / en

Anschrift:

Einzug:

Frühere Anschrift:

Einzug:

Auszug

Frühere Anschrift:

Einzug:

Auszug

Frühere Anschrift:

Auszug

Nebenwohnung / en

Frühere Anschrift:

Einzug:

Auszug

Frühere Anschrift:

Einzug:

Auszug

Kinder

Person: Anschrift:

17. Schreiben des Jugendamts an die Kindesmutter:[22]

Beistandschaft für Kinder

Sehr geehrte Kindesmutter,

X Zur Kenntnis

Mit freundlichen Grüßen
Im Auftrag

Sachbearbeiter

[22] 30.06.2020

18. Schreiben des Anwalts an das Amtsgericht:[23]

Abschrift

Aktenzeichen

In Sachen

Erstes Kind u.a. ./. Kindesvater

nehmen wir Bezug auf die Verfügung des Gerichts vom 10.06.2020 und übersenden unter Verwahrung gegen eine Rechtspflicht den Bescheid des Landkreises vom 11.07.2016 als **Anlage B 3**.

Wie bereits umfassend ausgeführt, sind die Anträge bereits unschlüssig.

Zum Schriftsatz der Antragsteller vom 04.06.2020 im Übrigen wie folgt:

Die Versuche der Antragsteller, die unschlüssigen Anträge mit Ausforschungs-/Beweisanträgen zu retten, sind neben der Sache. Beweisanträge etc. müssen sich auf einen erheblichen Vortrag der Antragsteller beziehen, der – wie bereits hinreichend zur Unschlüssigkeit der Anträge ausgeführt – überhaupt nicht gegeben ist. Der Antrag der Antragsteller auf Parteivernahme ist ein unbeachtlicher

[23] 22.06.2020

Beweisermittlungsantrag, der auch lediglich der Ausforschung dient (dazu siehe OLG Köln Beschluss vom 17. April 2014 – 21 UF 210/13 -, juris Rdnr. 27; OLG Koblenz OLG Koblenz, Urteil vom 03. Februar 1998 – 15 UF 615/97 -, juris Rdnr. 7; OLG Karlsruhe, Beschluss vom 09. Juli 1997 – 2 UF 196/96 -, juris Rdnr. 13; Oberlandesgericht des Landes Sachsen-Anhalt, Beschluss vom 27. Juni 2002 – 14 WF 83/02 -, juris Rdnr. 6).

Höchst vorsorglich sei auch angemerkt, dass insbesondere ohnehin nicht die Voraussetzungen für eine Parteivernahme vorliegen.

Die Bevollmächtigten der Antragsteller verkennen bzw. ignorieren trotz bereits erfolgter Hinweise die Darlegungs- und Beweislast, was offenkundig deren Ausforschungsbestrebungen geschuldet ist.

Zwecks Meidung von Wiederholungen verweisen wir im Übrigen auf das bereits vorgetragene.

Rechtsanwalt

19. Schreiben der Kindesmutter an das Jugendamt:[24]

Sehr geehrter Herr Sachbearbeiter,

vielen Dank für die Zusendung Ihres Schreibens.
Die Unterlagen wurden mir mit heutiger Post zugestellt.

Möglicherweise hat die Gegenseite den Überblick über die Fälle **Aktenzeichen** (Kindesunterhalt) und **Aktenzeichen** (Kindesmutter-unterhalt) verloren.

Die stete Wiederholung einer unterstellten "*Ausforschung*" mit "*Ausforschungsanträgen*" und "*Ausforschungsbestrebungen*" lässt darauf schließen.

Inhaltlich sind folgende Passagen des Elterngeldbescheides von Interesse:

a) Seite 1 und Seite 2: **Zahlbeträge: 20 x 1.050,00 EUR = 21.000,00 EUR**.

b) Seite 2 und Seite 3: "*Bisher wurden nach Ihren Angaben Einkünfte in Höhe von mtl. 200,00 Euro angesetzt. Bei Ihrer Vorsprache am 17.06.2016 erklärten Sie allerdings, dass die Einkünfte bisher tatsächlich erheblich höher sind. Sie wurden darüber informiert, dass es dadurch*

[24] 02.07.2020

*ggf. zur **Rückforderung des über dem Mindestbetrag (600,00 Euro monatlich) liegenden gezahlten Elterngeldes** kommen kann."*

Dies deckt sich exakt mit der von mir angegebenen Summe von 9.000,00 EUR, welche er dann auch schließlich zurückzuzahlen hatte: Differenz gezahlte 1.050,00 EUR monatlich abzüglich Mindestunterhalt von 600,00 EUR monatlich ergibt 450,00 EUR monatlich.

Rückforderung von 450,00 EUR monatlich für einen Zeitraum von 20 Monaten ergibt 450,00 EUR x 20 = 9.000,00 EUR.

Auch die Ermittlung des Einkommens aus nichtselbständiger Erwerbstätigkeit mit durchschnittlich **4.814,25 € monatlich** bzw. des Einkommens aus selbständiger Erwerbstätigkeit mit durchschnittlich **1.034,67 € monatlich** bzw. einem durchschnittlichen **Gesamteinkommen von 5.932,25 € monatlich** dürfte von Interesse sein.

Mit freundlichen Grüßen

Kindesmutter

II. Gerichtsverhandlung:

1. Schreiben der Kindesmutter an das Jugendamt:[25]

Aktenzeichen

Sehr geehrter Herr Sachbearbeiter,

heute um 10:30 Uhr fand die sog. "Güteverhandlung" mit dem Kindesvater vor dem Amtsgericht statt.

Herr Rechtsanwalt teilte mir mit, die Frau Sachbearbeiterin vor Ort getroffen zu haben und der Polizist an der Pforte äußerte, der Kindesvater habe zuvor bereits eine Verhandlung gehabt.

Somit gehe ich davon aus, dass es sich um oben bezeichneten Fall gehandelt hat.

Wären Sie so freundlich, mich hierüber in Kenntnis zu setzen?

Mit freundlichen Grüßen

Kindesmutter

---

[25] 25.09.2020

2. Schreiben des Jugendamts an die Kindesmutter:[26]

Beistandschaft für Kinder

Sehr geehrte Kindesmutter,

in der oben genannten Angelegenheit hat am Freitag ein Termin stattgefunden wegen der unterhaltsrechtlichen Anträge aus Dezember 2019.

Ich gehe davon aus, dass das Protokoll aus der Verhandlung im Laufe dieser Woche vorliegt, dann kann ich Ihnen den Inhalt mitteilen und Ihnen eine Abschrift zukommen lassen. Sobald dies vorliegt, trete ich in jedem Fall auch nochmals in Kontakt zu Ihnen.

Mit freundlichen Grüßen
Im Auftrag

Sachbearbeiter

[26] 28.09.2020

3. Schreiben der Kindesmutter an das Jugendamt:[27]

Aktenzeichen

Sehr geehrter Herr Sachbearbeiter,

vielen Dank für Ihre Mitteilung.

Vom Ergebnis der Verhandlung hängt das weitere Vorgehen ab. Mit Frau Sachbearbeiterin hatte ich vereinbart, dass die Anträge für 2017 bis (spätestens) Jahresende 2020 eingereicht werden müssten, sollte Hr. Amtsdirektor "positiv" entschieden haben. (Die Anträge für das erste Kalenderhalbjahr 2018 dementsprechend bis spätestens Jahresende 2021.) Deshalb bin ich auf das Ergebnis gespannt.

Mit freundlichen Grüßen

Kindesmutter

[27] 28.09.2020

4. Schreiben des Jugendamts an die Kindesmutter:[28]

Sehr geehrte Kindesmutter,

anbei das Protokoll der Verhandlung vom 25.09.2020. Das Original ist per Post an Sie unterwegs.

Wie Sie dem Protokoll entnehmen können, wird die Klage nach Stellungnahme des Gerichts derzeitig abgewiesen. Die Anträge wurden entsprechend zurückgewiesen. Die Klage bliebe ohne Erfolg.

Die Gründe, die das Gericht dazu bewegen, können Sie bitte dem Protokoll entnehmen.

Aus diesem Grund wurde ein Vergleich auf Widerruf geschlossen. Dieser kann daher noch widerrufen werden und ist nicht ohne Ihre Zustimmung endgültig geworden.

Es ist allerdings aufgrund der Sach- und Rechtslage nicht empfehlenswert, den Vergleich nochmals zu beseitigen.

Bei Bestehenbleiben des Vergleichs hat der Antragsgegnervertreter erklärt, keinen Kostenantrag zu stellen.

Aus Kostengründen und wegen, durch das Gericht erklärter, mangelnder Erfolgsaussichten, wurde der Vergleich vorläufig geschlossen.

---

[28] 01.10.2020

Sollten Sie dennoch davon abweichen wollen, teilen Sie dies bitte zeitnah mit. Beachten Sie die Frist von zwei Wochen, die am 25.09.2020 zu laufen begann.

Mit freundlichen Grüßen

Im Auftrag

Sachbearbeiter

5. <u>Protokoll des Amtsgerichts:</u>[29]

Aktenzeichen:

Protokoll

aufgenommen in der nichtöffentlichen Sitzung des Amtsgerichts – Familiengericht – am Freitag, 25.09.2020

Gegenwärtig:

Direktor des Amtsgerichts

Von der Zuziehung eines Protokollführers wurde gemäß §§ 113 FamFG, 159 Abs. 1 ZPO abgesehen.

In der Familiensache

1. Erstes Kind

- **Antragstellerin -**

2. Zweites Kind

- **Antragsteller -**

[29] 28.09.2020

gegen

Kindesvater

- **Antragsgegner -**

Verfahrensbevollmächtigte: Rechtsanwälte

Weitere Beteiligte:

Mutter

wegen Kindesunterhalt

erscheinen bei Aufruf der Sache:

1. **Antragstellerseite:**
   - Frau Sachbearbeiterin und Herr Sachbearbeiter von der Kreisverwaltung

2. **Antragsgegnerseite:**
   - Kindesvater
   - Rechtsanwalt

Die Sach- und Rechtslage wurde erörtert.

Das Gericht weist auf Folgendes hin:

Der bisherige Sachvortrag im Hinblick auf ein Getrenntleben der Kindeseltern erscheint äußerst dürftig, dies insbesondere im Hinblick auf die Geburt des weiteren Kindes, aber auch auf den Umstand, dass der Antragsgegner Erziehungsgeld bezogen hat. Das Gericht geht dabei davon aus, dass dieser Bezug von Erziehungsgeld auch tatsächlich dann die mit dem gesetzgeberischen Vorhaben beabsichtigte Kindesbetreuung verbunden ist. Dies müsste dann – etwas anderes ist bislang nicht vorgetragen – am Wohnort der Kinder erfolgt sein, die offensichtlich im Haushalt der Kindesmutter gelebt haben. Ob und inwieweit dann noch von einem Getrenntleben gesprochen werden kann erscheint mehr als zweifelhaft. Im Übrigen weist das Gericht darauf hin, dass die polizeiliche Verfügung insoweit auch nicht den Vortrag der Antragstellerseite stützt, da diese auf die Dauer von 10 Tagen begrenzt war, mithin schon Mitte März 2016 auslief.

Bedenkenswert ist insoweit auch, dass die behaupteten Unterhaltsansprüche erst nach Ablauf eines wesentlich großen Zeitraumes erfolgt sind. Dies dürfte im Anschluss an die wohl (endgültige) Trennung der Beteiligten erfolgt sein.

Rechtsanwalt rügt zudem, dass eine wirksame Inverzugsetzung bereits vor Eintritt des hier geltend gemachten Zeitraumes nicht erfolgt ist.

Das Gericht weist darauf hin, dass es gegenwärtig die Klage abweisen müsste.

Ausreichender Sachvortrag ist bislang nicht erfolgt. Im Übrigen wird darauf hingewiesen, dass die Kindesmutter eher als Partei gewertet werden müsste, denn als Zeugin. Allein durch die Beauftragung des Jugendamtes mit der Geltendmachung vermeintlicher

Unterhaltsforderungen darf der Antragsgegner nicht unbillig in seiner Prozessrolle benachteiligt werden.

Dies bedeutet, dass der eigene Antrag auf Parteivernehmung der Kindesmutter unzulässig ist, da in diesem Zusammenhang nur im Rahmen der Parteivernehmung der Antrag der Gegenseite beantragt werden kann.

Das Gericht regt gegebenenfalls an, die beiden Anträge bezogen auf die beiden Kinder zurückzunehmen.

Rechtsanwalt kündigt für diesen Fall an, dass er keinen Kostenantrag stellen würde.

Die Beteiligten schließen sodann folgenden

Vergleich:

1. Die Antragstellerin nimmt die Anträge vom 16.12.2019 in Bezug auf die Antragstellerin zu 1.) und den Antragsteller zu 2.) zurück.
2. Der Antragsgegner wird keinen Kostenantrag stellen.
3. Die Antragstellervertreterin erhält Gelegenheit, diesen Vergleich durch schriftliche Erklärung gegenüber dem Gericht innerhalb von 2 Wochen zu widerrufen.

B. u. v.

Der Gegenstandswert wird auf 3.044,00 € festgesetzt.

Beteiligtenvertreter erklären Verzicht auf Rechtsmittel, Anschlussrechtsmittel sowie die Abfassung weiterer Gründe im Hinblick auf den Gegenstandswertbeschluss.

Laut vorgespielt und genehmigt.

Protokoll wurde fertiggestellt am: 28.09.2020

Direktor des Amtsgerichts

Justizbeschäftigte
als Urkundsbeamtin der Geschäftsstelle
zugleich für die Richtigkeit und Vollständigkeit
der Übertragung vom Tonträger.

Der Tonträger wird frühestens 1 Monat
nach Zustellung des Protokolls gelöscht,
sofern keine Einwendungen erhoben werden.

6. Schreiben der Kindesmutter an das Jugendamt:[30]

Aktenzeichen

Sehr geehrte Frau Sachbearbeiterin

sehr geehrter Herr Sachbearbeiter,

anbei meine Stellungnahme.

Mit freundlichen Grüßen

Kindesmutter

[30] 01.10.2020

7. Widerruf des Vergleichs auf Widerruf:[31]

Aktenzeichen
Vergleich auf Widerruf vom 25.09.2020
Widerruf des Vergleichs auf Widerruf

Sehr geehrte Damen und Herren,

vielen Dank für die heutige Zusendung des Protokolls der nichtöffentlichen Sitzung des Amtsgerichts am 25.09.2020.

Dem zwischen den in der Sitzung Anwesenden geschlossenen Vergleich auf Widerruf kann ich aus folgenden Gründen nicht zustimmen:

1. Der Sachvortrag im Hinblick auf das Getrenntleben ist nachweislich hinreichend klar: der Antragsgegner zog – wie wiederholt erwähnt – am 04.03.2016 aus dem Haushalt der Kindesmutter aus.

2. Wie aus der Anordnung zum Schutz vor Gewalt gemäß § 13 Polizei- und Ordnungsbehördengesetz (POG) vom 04.03.2016 eindeutig hervorgeht[32], wurde der Antragsgegner am **04.03.2016** „verpflichtet, die Wohnung der Kindesmutter und die hierzu gehörenden Flächen und Nebenräume und –anlagen (Grundstück,

[31] 01.10.2020
[32] Vgl. Anordnung zum Schutz vor Gewalt gemäß § 13 Polizei- und Ordnungsbehördengesetz (POG) vom 04.03.2016.

Treppenhaus, Garagen, Stellplätze, Grünflächen, private Wege auf dem Grundstück) zu verlassen. (Platzverweis aus der Wohnung gemäß § 13 Abs. 2, 1. Alternative POG)".

3. Darüber hinaus wurde der Antragsgegner „verpflichtet, die oben bezeichnete Wohnung und die hierzu gehörenden Flächen und Nebenräume und –anlagen nicht zu betreten (Betretungsverbot gemäß § 13 Abs. 2, 2. Alternative POG)".

4. Außerdem wurde dem Antragsgegner „der Aufenthalt in einem Umkreis von 100 Metern der Wohnung der Kindesmutter untersagt (Aufenthaltsverbot im Umkreis der Wohnung gemäß § 13 Abs. 4 Satz 1 Nr. 1 POG)."

5. Zudem wurde dem Antragsgegner „untersagt, Verbindung in Wort, Bild oder Schrift, auch unter Verwendung von Fernkommunikationsmitteln mit der Kindesmutter aufzunehmen (Kontaktverbot gemäß § 13 Abs. 4 Satz 1 Nr. 2 POG)."

6. Ebenfalls wurde dem Antragsgegner „untersagt, sich der Kindesmutter auf einen Abstand von weniger als 100 Metern zu nähern. Dieser Abstand ist auch bei zufälligem Zusammentreffen herzustellen. (Näherungsverbot gemäß § 13 Abs. 4 Satz 1 Nr. 3 POG)."

7. „Die angeordneten Maßnahmen wurden befristet bis zum 14.03.2016."

8. Dem Antragsgegner wurde „[f]ür den Fall der Zuwiderhandlung gegen die angeordneten Maßnahmen nach den Nummern 1,2,3,4,5,7 der schriftlichen Bestätigung [...] die Durchsetzung mit Mitteln des unmittelbaren Zwangs angedroht (Androhung gemäß §§ 57 ff., 61 POG i.V.m. §§ 61, 2, 62, 65, 66 Landesverwaltungsvollstreckungsgesetz – LVwVG.)“

9. Weiterhin wurde der Antragsgegner „verpflichtet, gemäß § 9a Abs. 2 POG (Auskunftsverpflichtung)“ seinen „neuen Aufenthaltsort (näheres nicht bekannt)“ bzw. „Erreichbarkeiten keine Angabe“ anzugeben.

10. Der Antragsgegner hat „die Anwendung weiterer Gewalt gegen das Opfer angedroht.“

11. Die vom Antragsgegner „am 04.03.2016 in der Wohnung der Kindesmutter begangenen Taten rechtfertigen die Annahme, dass [er] dort auch zukünftig strafrechtlich relevante Taten begehen“ wird.

12. Wie aus der Behördenauskunft der Zentralen Verwaltung vom 05.06.2020 eindeutig hervorgeht, werden folgende Daten für den Antragsgegner in Bezug auf seinen Wohnort geführt: Einzug in den Haushalt der Kindesmutter: 01.04.2015, Auszug aus dem Haushalt der Kindesmutter bzw. Einzug in die Wohnung: **07.03.2016**[33].

[33] Vgl. Behördenauskunft der Zentralen Verwaltung vom 05.06.2020 (07:53:28)

13. Alle Behauptungen in Bezug auf einen „äußerst dürftig" erscheinenden Sachvortrag leugnen dementsprechend dem Gericht vorliegende Beweise.

14. Auch das Argument, „dass die polizeiliche Verfügung insoweit auch nicht den Vortrag der Antragstellerseite stützt, da diese auf die Dauer von 10 Tagen begrenzt war, mithin schon Mitte März 2016 auslief", ist somit im Keim erstickt.

15. Zudem liegt der Argumentation in Bezug auf die „beabsichtigte Kindesbetreuung" ein Denkfehler zugrunde. Diese hätte selbstredend „am Wohnort der Kinder" erfolgen sollen, „die offensichtlich im Haushalt der Kindesmutter gelebt haben". So war es tatsächlich beabsichtigt. Durch den Auszug des Antragsgegners aus dem Haushalt der Kindesmutter konnte diese jedoch nicht mehr gewährleistet werden, da der Antragsgegner – wie bereits wiederholt vorgetragen – zwei Autostunden entfernt von den zu erziehenden Kindern wohnte.

16. Es entspricht der Tatsache, dass der Antragsgegner Erziehungsgeld bezogen hat. In den ersten 8 Monaten (01.07.2016 – 29.02.2016) hat er es weitgehend zu Recht bezogen, in den darauffolgenden 12 Monaten (01.03.2016-28.02.2017) bzw. im darauffolgenden Jahr hingegen nicht mehr.

17. Wie aus dem Elterngeldbescheid der Elterngeldstelle des Landkreises vom 11.07.2016[34] hervorgeht, wurden dem Antragsgegner im Zeitraum von 01.07.2016 bis einschließlich 28.02.2017 insgesamt 21.000,00 EUR (20 x 1.050,00 EUR)

[34] Vgl. Elterngeldbescheid der Elterngeldstelle des Landkreises vom 11.07.2016

ausgezahlt. Davon (8 x 1.050,00 EUR =) 8.400,00 EUR zu Recht und (12 x 1.050,00 EUR =) 12.600 EUR zu Unrecht (wegen Abwesenheit).

18. Wie ebenfalls aus selbigem Schreiben hervorgeht, wurde sein durchschnittliches monatliches Nettoeinkommen wie folgt ermittelt: „Das Einkommen aus nichtselbständiger Erwerbstätigkeit wurde mit einem durchschnittlichen Monatseinkommen in Höhe von 4.814,25 € ermittelt." „Das Einkommen aus selbstständiger Erwerbstätigkeit wurde mit einem durchschnittlichen Monatseinkommen in Höhe von 1.034,67 € ermittelt." Dies ergibt ein durchschnittliches monatliches Nettoeinkommen von 5.848,92 €, wobei Steuern und Sozialabgaben auf 5.932,25 € berechnet worden sind.

19. Im Schreiben wird der Antragsgegner ausdrücklich auf Folgendes hingewiesen: „Bisher wurden nach Ihren Angaben Einkünfte in Höhe von mtl. 200,00 Euro angesetzt. Bei Ihrer Vorsprache am 17.06.2016 erklärten Sie allerdings, dass die Einkünfte bisher tatsächlich erheblich höher sind. Sie wurden darüber informiert, dass es dadurch ggf. zur Rückforderung des über dem Mindestbetrag (600,00 Euro monatlich) liegenden gezahlten Elterngeldes kommen kann."

20. Die von der Antragstellerin wiederholt erwähnte und vom Antragsgegner stets verleugnete Rückforderungssumme belief sich dementsprechend auf (1.050,00 Euro – 600,00 Euro = 400,00 Euro x 20 =) 9.000,00 Euro, wegen der zu hohen Einkünfte aus der selbständigen Tätigkeit des Antragsgegners während der sog. Elternzeit.

21. Der Antragsgegner hat also durch die Zeugung der beiden Kinder (20 x 600,00 EUR =) 12.000 EUR Nettoeinkommen zu seinen Einkünften aus der selbständigen Tätigkeit während der sog. Elternzeit hinzuverdient und dies trotz Abwesenheit von den zu erziehenden Kindern.

22. Den am 01.07.2015 geborenen Kindern soll nun jedoch das gesetzlich gültige Recht auf Unterhaltszahlung durch den abwesenden, da in Remscheid lebenden und tätigen Kindesvater und Antragsgegner abgesprochen werden?!?

23. Zur Inverzugsetzung verweise ich erneut auf die dem Gericht wiederholt vorgelegte Auflistung der Inverzugsetzung[35].

24. „Ausreichender Sachvortrag ist bislang nicht erfolgt"? Dann möge die Gelegenheit dazu bitte gegeben werden ...

25. „Im Übrigen wird darauf hingewiesen, dass die Kindesmutter eher als Partei gewertet werden müsste, denn als Zeugin"?

26. Die Kindesmutter vertritt die Rechte der Kinder. Anscheinend ist sie hierin die Einzige ....

27. Der Antragsgegner darf „nicht unbillig in seiner Prozessrolle benachteiligt werden"? Die antragstellenden Kinder aber doch?

28. Der eigene Antrag auf Parteivernehmung der Kindesmutter [ist] unzulässig, da in diesem Zusammenhang nur im Rahmen der

[35] Vgl. Inverzugsetzung des Antragsgegners durch die Kindesmutter nach Zahlungseinstellung des Kindesunterhalts für die Kinder

Parteivernehmung der Antrag der Gegenseite beantragt werden kann?

29. Die beiden Anträge bezogen auf die beiden Kinder werden ausdrücklich NICHT zurückgenommen.

30. Hiermit widerrufe ich den Vergleich auf Widerruf vom 25.09.2020.

Mit freundlichen Grüßen

Kindesmutter

Anlagen / Beweismittel:

- POG der Polizeiinspektion vom 04.03.2016 (**Anlage 1**)
- Behördenauskunft der Zentralen Verwaltung vom 05.06.2020 (**Anlage 2**)
- Schreiben der Elterngeldstelle des Landkreises vom 11.07.2017 (**Anlage 3**)
- Inverzugsetzung des Antragsgegners durch die Kindesmutter nach Zahlungseinstellung der Unterhaltszahlungen für die Kinder (**Anlage 4**)

8. Schreiben der Kindesmutter an das Jugendamt:[36]

Aktenzeichen

Sehr geehrter Herr Sachbearbeiter,

gehen Sie noch irgendwie

auf mein Schreiben von Ende letzter Woche ein?

Mit freundlichen Grüßen

Kindesmutter

[36] 05.10.2020

9. Schreiben des Jugendamtes an die Kindesmutter:[37]

Guten Tag Frau Kindesmutter,

ich habe den Widerruf heute formuliert und eben per Fax und postalisch an das Amtsgericht übermittelt. Weitere Angaben kann ich derzeit nicht machen.

Mit freundlichen Grüßen
Im Auftrag

Sachbearbeiter

[37] 05.10.2020

10. Schreiben der Kindesmutter an das Jugendamt:[38]

Aktenzeichen

Sehr geehrter Herr Sachbearbeiter,

vielen Dank für Ihre Auskunft.

Soeben hatte ich einen Besprechungstermin mit Herrn Rechtsanwalt.

Er bietet Ihnen an, einmal Rücksprache mit ihm zu halten.

Mit freundlichen Grüßen

Kindesmutter

[38] 05.10.2020

11. Schreiben der Kindesmutter an das Jugendamt:[39]

Betreff: Widerruf

Sehr geehrter Herr Sachbearbeiter,

wäre es Ihnen möglich,

mir den Wortlaut / das Schreiben zukommen zu lassen?

Mit freundlichen Grüßen

Kindesmutter

[39] 05.10.2020

12. Schreiben des Jugendamtes an die Kindesmutter:[40]

Betreff: Widerruf

Sehr geehrte Frau Kindesmutter,

eine Durchschrift des Schreibens an das Gericht wurde postalisch an Sie übersendet.

Mit freundlichen Grüßen
Im Auftrag

Sachbearbeiter

[40] 06.10.2020

13. Schreiben der Kindesmutter an das Jugendamt:[41]

Betreff: Widerruf

Sehr geehrter Herr Sachbearbeiter,

vielen Dank für die Auskunft.

Mit freundlichen Grüßen

Kindesmutter

[41] 06.10.2020

14. Schreiben des Jugendamts an die Kindesmutter:[42]

Beistandschaft

Sehr geehrte Kindesmutter,

X Zur Kenntnis

Mit freundlichen Grüßen
Im Auftrag

Sachbearbeiter

[42] 05.10.2020

15. Schreiben des Jugendamtes an das Amtsgericht:[43]

Sehr geehrte Damen und Herren,

im Verfahren

Erstes Kind u.a. ./. Kindesvater

Aktenzeichen

erklären wir hiermit den **Widerruf** des Vergleichs, der am **25.09.2020** geschlossen worden ist.

Mit freundlichen Grüßen
Im Auftrag

Sachbearbeiter

---

[43] 05.10.2020

16. Schreiben des Jugendamts an die Kindesmutter:[44]

Beistandschaft

Sehr geehrte Kindesmutter,

X Zur Kenntnis

Mit freundlichen Grüßen
Im Auftrag

Sachbearbeiter

[44] 21.10.2020

17. Schreiben des Anwalts an das Amtsgericht:[45]

Abschrift

Aktenzeichen

In Sachen

Erstes Kind u.a. ./. Kindesvater

teilen wir in Erledigung der Verfügung des Gerichts vom 09.10.2020 mit, dass der Antragsgegner mit einer Fortführung und Entscheidung im schriftlichen Verfahren einverstanden ist.

Rechtsanwalt

[45] 14.10.2020

18. Schreiben des Jugendamts an die Kindesmutter:[46]

Beistandschaft

Sehr geehrte Kindesmutter,

X Zur Kenntnis

Mit freundlichen Grüßen
Im Auftrag

Sachbearbeiter

[46] 28.10.2020

19. Schreiben des Amtsgerichts an das Jugendamt:[47]

Aktenzeichen

In Sachen
Erstes Kind ./. Kindesvater
wg. Unterhalt Kind

Sehr geehrte Damen und Herren,

anbei erhalten Sie eine beglaubigte Abschrift des Beschlusses vom 20.10.2020.

Mit freundlichen Grüßen
Auf Anordnung

Justizbeschäftigte
Dieses Schreiben wurde elektronisch erstellt und ist ohne Unterschrift gültig.

[47] 22.10.2020

20. Beschluss des Amtsgerichts:[48]

Aktenzeichen:

Beschluss

In der Familiensache

1. Erstes Kind

- **Antragstellerin -**

2. Zweites Kind

- **Antragsteller -**

gegen

Kindesvater

- **Antragsgegner -**

Verfahrensbevollmächtigte: Rechtsanwälte

[48] 20.10.2020

Weitere Beteiligte:

Mutter

wegen Kindesunterhalt

hat das Amtsgericht – Familiengericht – durch den Direktor des Amtsgerichts am 20.10.2020 beschlossen:

1. Mit Zustimmung der Beteiligten wird gemäß § 113 FamFG in Verbindung mit § 128 Abs. 2 ZPO ohne mündliche Verhandlung entschieden.

2. Als Zeitpunkt, der dem Schluss der mündlichen Verhandlung entspricht und bis zu dem Schriftsätze eingereicht werden können, wird der 17.11.2020 bestimmt. Schriftsätze, die erst nach diesem Termin eingehen, werden bei der Entscheidung nicht berücksichtigt.

3. Termin zur Verkündung einer Entscheidung wird bestimmt auf Dienstag, 08.12.2020, 09:00 Uhr. Zu diesem Termin brauchen die Beteiligten nicht zu erscheinen.

Rechtsbehelfsbelehrung:

Der Beschluss ist mit Rechtsmitteln nicht anfechtbar.

Direktor des Amtsgerichts

Beglaubigt

Justizbeschäftigte
als Urkundsbeamtin der Geschäftsstelle

21. Schreiben der Kindesmutter an das Jugendamt:[49]

Beistandschaft für meine Kinder

Sehr geehrter Herr Sachbearbeiter,

Ihr Schreiben wurde mir vorhin zugestellt.

Liegen dem Gericht folgende Beweismittel vor:

- Behördenauskunft der Zentralen Verwaltung vom 05.06.2020
- Schreiben der Elterngeldstelle des Landkreises vom 11.07.2017?

Besteht die Notwendigkeit zur Einreichung weiterer Schriftsätze?

Mit freundlichen Grüßen

Kindesmutter

[49] 30.10.2020

22. Schreiben der Kindesmutter an das Jugendamt:[50]

Beistandschaft für meine Kinder

Guten Morgen Herr Sachbearbeiter,

sollte die Gegenseite auf die Idee kommen, die genannte/n Frist/en verlängern zu wollen, bitte ich darum, dies unverzüglich und konsequent abzulehnen.

Deren Absicht geht lediglich dahin zu verhindern, dass VOR ABLAUF DES KALENDERJAHRES 2020 die Beantragungsfrist für Unterhalts-Rückstände aus 2017 noch gewahrt werden kann!

Mit freundlichen Grüßen

Kindesmutter

[50] 02.11.2020

23. Schreiben des Jugendamts an die Kindesmutter:[51]

Beistandschaft

Guten Tag Frau A.,

ich gehe nicht davon aus, dass dies seitens der Gegenseite versucht wird. Wenn dies doch der Fall sein sollte, habe ich Ihren Gedanken im Gedächtnis.

Mit freundlichen Grüßen
Im Auftrag

Sachbearbeiter

[51] 03.11.2020

24. Schreiben der Kindesmutter an das Jugendamt:[52]

Beistandschaft für meine Kinder

Guten Tag Herr Sachbearbeiter,

vielen Dank für Ihre Auskunft.

Können Sie mir noch mitteilen, ob noch die Notwendigkeit besteht, weitere Schriftstücke / Belege o.ä. an das Amtsgericht weiterzuleiten / zu schreiben?

Haben Sie außerdem noch im Hinterkopf, dass bei einem positiven Ausgang des Verfahrens eben auch noch der Rückstand a) für 2017 (Januar bis Dezember) und b) für 2018 (Januar bis Juni) eingefordert werden soll?

Mit freundlichen Grüßen

Kindesmutter

[52] 03.11.2020

25. Schreiben des Jugendamts an die Kindesmutter:[53]

Beistandschaft

Guten Tag Frau A.,

die beiden Beweismittel liegen dem Gericht vor, sofern Sie den Bescheid der Elterngeldstelle vom 11.07.2016 meinen. Den Bescheid hat uns das Gericht übermittelt, sodass dieser dort vorliegen sollte. Das Dokument vom 05.06.2020 haben wir dem Gericht übermittelt.

Weitere Schriftsätze erscheinen nicht notwendig, da die Sach- und Rechtslage ausreichend diskutiert wurde und es zu mehrmaligem Austausch mit der Gegenseite gekommen ist.

Mit freundlichen Grüßen
Im Auftrag

Sachbearbeiter

[53] 03.11.2020

26. Schreiben der Kindesmutter an das Jugendamt:[54]

Beistandschaft für meine Kinder

Guten Tag Herr Sachbearbeiter,

vielen Dank für Ihre Mitteilung.

Dann hoffe ich mal auf einen positiven Ausgang des Verfahrens im Sinne der betroffenen Kinder.

Mit freundlichen Grüßen

Kindesmutter

[54] 03.11.2020

III. Gerichtsbeschluss:

1. Schreiben der Kindesmutter an das Jugendamt:[55]

Beistandschaft für meine Kinder

Sehr geehrter Herr Sachbearbeiter,

liegt Ihnen das Gerichtsurteil (Verkündung vom Dienstag, 08.12.2020, 9.00 Uhr, Sitzungssaal) schon vor?

Mit freundlichen Grüßen

Kindesmutter

[55] 10.12.2020

2. Schreiben des Jugendamts an die Kindesmutter:[56]

Betreff: Abwesenheitsbenachrichtigung

In der Zeit vom 07.12.2020 bis einschließlich 11.12.2020 befinde ich mich nicht im Hause. Auf Ihre E-Mails werde ich im Nachgang des Urlaubs eingehen.

In dri[n]genden Fällen wenden Sie sich bitte an Frau Sachbearbeiterin, Telefon oder per Mail.

[56] 10.12.2020

3. Schreiben des Jugendamts an die Kindesmutter:[57]

Sehr geehrte Kindesmutter,

es liegt noch keine Entscheidung vor.

Mit freundlichen Grüßen
Im Auftrag

Sachbearbeiter

[57] 14.12.2020

4. Schreiben der Kindesmutter an das Jugendamt:[58]

Beistandschaft

Sehr geehrter Herr Sachbearbeiter,

vielen Dank für die Auskunft.
Sollte die Entscheidung vorliegen,
informieren Sie mich bitte rechtzeitig.

Mit freundlichen Grüßen

Kindesmutter

[58] 14.12.2020

5. Schreiben der Kindesmutter an das Jugendamt:[59]

Beistandschaft

Sehr geehrter Herr Sachbearbeiter,

gewisse Nachrichten auf meinem AB und unten angehängte Mail vom Kindesvater lassen darauf schließen, dass ihm inzwischen die Entscheidung des Gerichts vorgelegt wurde.

Ich bitte dringend um Weiterleitung des Gerichtsurteils vom vergangenen Dienstag (08.12.2020, 9 Uhr, Sitzungssaal), um noch rechtzeitig das weitere Vorgehen besprechen zu können.

Noch **VOR JAHRESABLAUF 2020** müsste der Antrag in Bezug auf den Unterhaltsrückstand aus 2017 (für die Zwillinge und ab September auch für die jüngste Tochter) gestellt werden, damit er nicht verjährt!!!

Mit freundlichen Grüßen

Kindesmutter

[59] 15.12.2020

6. Schreiben des Jugendamts an die Kindesmutter:[60]

Guten Morgen Frau A.,

in der heutigen Post war keine Entscheidung des Gerichts.

Mit freundlichen Grüßen
Im Auftrag

Sachbearbeiter

[60] 16.12.2020

7. Schreiben der Kindesmutter an das Jugendamt:[61]

Beistandschaft

Guten Morgen Herr Sachbearbeiter,

ob Sie mal vor Ort nachfragen könnten?

Immerhin besteht sonst die **Gefahr der Verjährungsfristversäumung**!!!

Mit freundlichen Grüßen

Kindesmutter

[61] 16.12.2020

8. Schreiben des Jugendamts an die Kindesmutter:[62]

Fwd:

FAX

Mit freundlichen Grüßen
Im Auftrag

Sachbearbeiter

[62] 16.12.2020

9. Beschluss des Amtsgerichts:[63]

Aktenzeichen:

Amtsgericht

IM NAMEN DES VOLKES

Beschluss

In der Familiensache

1. Erstes Kind

- **Antragstellerin -**

2. Zweites Kind

- **Antragsteller -**

gegen

Kindesvater

- **Antragsgegner -**

Verfahrensbevollmächtigte: Rechtsanwälte

[63] 08.12.2020

Weitere Beteiligte:

Mutter

wegen Kindesunterhalt

hat das Amtsgericht – Familiengericht – durch den Direktor des Amtsgerichts am 08.12.2020 auf Grund des Sachstands vom 17.11.2020 ohne mündliche Verhandlung mit Zustimmung der Parteien gemäß §§ 113 FamFG, 128 Abs. 2 ZPO beschlossen:

1. Die Anträge werden abgewiesen.

2. Die Kosten des Verfahrens tragen die Antragsteller.

Gründe:

Die Antragsteller sind die leiblichen Kinder des Antragsgegners. Dieser war mit der Kindesmutter liiert, wobei zwischen den Beteiligten über die Dauer der Beziehung Streit besteht. Von der Kindesmutter und dem Antragsgegner wurde 2017 ein weiteres Kind geboren. Am 04.03.2016 erließ die Polizeiinspektion gegen den Antragsgegner eine Gewaltschutzverfügung, die ihm aufgab, die gemeinsame Wohnung zu verlassen. Die Maßnahme war befristet bis zum 14.03.2016. Seit dem 07.03.2016 war der Antragsgegner in einer anderen Wohnung gemeldet.

Zwischen dem 05.03.2016 und 30.06.2016 wurden pro Kind und Monat Unterhaltszahlungen von 250,00 € geleistet. Weitere Zahlungen erfolgten bis einschließlich August 2016 in dieser Höhe, wobei der Verwendungszweck zwischen den Beteiligten streitig ist.

Die Antragsteller tragen vor:

Der Antragsgegner sei am 02.11.2016 aufgefordert worden, die Unterhaltszahlungen wieder aufzunehmen.

Die Antragsteller beantragen,

> den Antragsgegner zu verpflichten, an sie für die Zeit vom 05.03.2016 bis 31.12.2016 jeweils 105 % des Mindestunterhaltes der ersten Altersstufe abzüglich hälftiges Kindergeld für ein erstes bzw. zweites Kind, somit jeweils 2.537,00 € abzüglich jeweils gezahlter 1.000,00 € zu leisten.

Der Antragsgegner beantragt,

> den Antrag zurückzuweisen.

Er trägt vor:

Die Anträge seien unschlüssig. Die beteiligten Eltern hätten bis 2018 zusammen gelebt. Hierfür spreche die Geburt des 3. Kindes. Eine rückwirkende Inverzugsetzung sei nicht möglich. Er selbst habe seine Wohnung angemietet, um seine selbstständige Tätigkeit von dort aus betreiben zu können. Bereits Mitte März 2016 sei es zu einer Versöhnung gekommen. Der Antragsgegner habe wieder mit der

Kindesmutter und den Kindern selbst zusammen gelebt. Er selbst habe auch in den fraglichen Zeiträumen Elterngeld bezogen.

Wegen des weiteren Vortrages der Beteiligten wird auf die zur Akte gereichten Schriftsätze nebst Anlagen Bezug genommen.

Die Anträge waren zurückzuweisen. Ein Getrenntleben der Kindeseltern ist nicht hinreichend dargetan. Es kann nicht darauf gestützt werden, dass eine polizeiliche Verfügung am 04.03.2016 erging. Diese war zum einen nur für 10 Tage befristet und zum anderen sind dadurch die Beteiligten nicht gehindert, sich wieder zu versöhnen. Auch der Umstand, dass der Antragsgegner eine Wohnung begründete steht dem nicht entgegen. Er hat schlüssig dargetan, dass dies beruflich veranlasst war. Insoweit wäre es Aufgabe der Antragstellerseite gewesen, im Einzelnen darzulegen und unter Beweis zu stellen, dass es tatsächlich kein Zusammenleben der Beteiligten einschließlich der Kindesmutter mehr gab. Hierbei ist darauf hinzuweisen, dass ein Beweisangebot Zeugnis der Kindesmutter ungeeignet ist. Die Kindesmutter wäre eigentlich als gesetzliche Vertreterin der Kinder Partei in diesem Verfahren. Allein durch den Umstand, dass das Jugendamt als Verfahrensbeistand eingeschaltet worden ist, kann nicht dazu führen, dass sie als Zeugin auftreten kann. Ein solches Vorgehen würde gegen den Grundsatz eines fairen Verhaltens verstoßen. Eine Vernehmung wäre allenfalls als Partei möglich. Der Antrag auf Vernehmung einer Partei durch diese selber ist jedoch unzulässig.

Gegen die Trennung spricht auch der Umstand, dass noch im September 2017 ein weiteres Kind geboren wurde, das mithin bei normal verlaufener Schwangerschaft im Dezember 2016 gezeugt worden sein muss.

Auch der Umstand, dass nach Aussage der Antragsteller für sie bis einschließlich Juni 2016 vom Antragsgegner Unterhalt gezahlt wurde, steht einem Zusammenleben nicht hinreichend entgegen.

Es fehlt darüber hinaus an einer wirksamen Inverzugsetzung. Selbst nach – bestrittenem – Antragstellervortrag erfolgte dies erst im November 2016. Für diese Behauptung ist jedoch kein hinreichendes Beweisangebot erfolgt.

Schließlich bleibt auch offen, warum der Antragsgegner verpflichtet sein soll, einen Unterhaltsbetrag von 105 % des Mindestbedarfs zu leisten. Für einen entsprechenden Vortrag wären die Antragsteller darlegungs- und beweispflichtig. Entsprechende Darlegungen sind nicht erfolgt, die beim Antragsgegner ein entsprechendes Einkommen rechtfertigen würden.

Nach alledem sind die Anträge zurückzuweisen, ohne dass es darauf ankommt, ob noch eine Verwirkung vorliegt. Insoweit weist das Gericht darauf hin, dass allein durch mehr oder weniger formlose Mahnungen, ohne dass Forderungen gerichtlich geltend gemacht werden, der Verwirkung unterliegen können, wenn lange Zeit verstrichen ist und offensichtlich der vermeintlich Verpflichtete keine Bereitschaft zeigt, die an ihn gestellten Forderungen zu erfüllen.

Nach alledem war wie tenoriert zu entscheiden.

Kosten und Nebenentscheidungen

Die Kostenentscheidung beruht auf § 243 Satz 1 und 2 Nr. 1 FamFG. Abweichend von den Vorschriften der Zivilprozessordnung über die Kostenentscheidung entscheidet das Gericht in Unterhaltssachen nach billigem Ermessen über die Verteilung der Kosten des Verfahrens auf die Beteiligten. Vorliegend ist hierbei insbesondere das Verhältnis von Obsiegen und Unterliegen der Beteiligten einschließlich der Dauer der Unterhaltsverpflichtung zu berücksichtigen.

Rechtsbehelfsbelehrung:

Gegen diesen Beschluss findet das Rechtsmittel der **Beschwerde** statt.

Die Beschwerde ist nur zulässig, wenn der Wert des Beschwerdegegenstandes 600,00 € übersteigt oder wenn das Gericht des ersten Rechtszugs die Beschwerde zugelassen hat.

Die Beschwerde ist binnen einer Frist von 1 Monat bei dem Amtsgericht einzulegen.

Die Frist beginnt mit der Zustellung des Beschlusses. Kann die Zustellung an einen Beteiligten nicht bewirkt werden, beginnt die Frist spätestens mit Ablauf von 5 Monaten nach Erlass des Beschlusses. Fäll das Fristende auf einen Sonntag, einen allgemeinen Feiertag oder Sonnabend, so endet die Frist mit Ablauf des nächsten Werktages.

Die Beschwerde wird durch Einreichung einer Beschwerdeschrift eingelegt.

Alle Beteiligten müssen sich durch einen Rechtsanwalt vertreten lassen, der die Beschwerdeschrift zu unterzeichnen hat.

Behörden und juristische Personen des öffentlichen Rechts einschließlich der von ihnen zur Erfüllung ihrer öffentlichen Aufgaben gebildeten Zusammenschlüsse können sich auch durch eigene Beschäftigte oder Beschäftigte anderer Behörden oder juristischen Personen des öffentlichen Rechts einschließlich der von ihnen zur Erfüllung ihrer öffentlichen Aufgaben gebildeten Zusammenschlüsse vertreten lassen.

Der Vertretung durch einen Rechtsanwalt bedarf es nicht in Unterhaltssachen für Beteiligte, die durch das Jugendamt als Beistand, Vormund oder Ergänzungspfleger vertreten sind.

Soweit sich der Beschwerdeführer nicht durch einen Rechtsanwalt vertreten lassen muss, ist die Beschwerdeschrift von ihm oder seinem Bevollmächtigten zu unterzeichnen.

Die Beschwerde muss die Bezeichnung des angefochtenen Beschlusses sowie die Erklärung enthalten, dass die Beschwerde gegen diesen Beschluss eingelegt wird.

Der Beschwerdeführer hat zur Begründung der Beschwerde einen bestimmten Sachantrag zu stellen und diesen zu begründen.

Die Begründung ist bei dem Beschwerdegericht, dem Oberlandesgericht, einzureichen.

Die Frist zur Begründung beträgt zwei Monate und beginnt mit der Zustellung des Beschlusses. Kann die Zustellung an einen Beteiligten nicht bewirkt werden, beginnt die Frist spätestens mit Ablauf von 5 Monaten nach Erlass des Beschlusses. Fäll das Fristende auf einen Sonntag, einen allgemeinen Feiertag oder Sonnabend, so endet die Frist mit Ablauf des nächsten Werktages.

Rechtsbehelfe können auch als **elektronisches Dokument** eingereicht werden. Eine einfache E-Mail genügt den gesetzlichen Anforderungen nicht.

Das elektronische Dokument muss

- mit einer qualifizierten elektronischen Signatur der verantwortenden Person versehen sein oder
- von der verantworteten Person signiert und auf einem sicheren Übermittlungsweg eingereicht werden.

Ein elektronisches Dokument, das mit einer qualifizierten elektronischen Signatur der verantwortenden Person versehen ist, darf wie folgt übermittelt werden:

- auf einem sicheren Übermittlungsweg oder
- an das für den Empfang elektronischer Dokumente eingerichtete Elektronische Gerichts- und Verwaltungspostfach (EGVP) des Gerichts.

Wegen der sicheren Übermittlungswege wird auf § 130a Absatz 4 der Zivilprozessordnung verwiesen. Hinsichtlich der weiteren Voraussetzungen zur elektronischen Kommunikation mit den Gerichten wird auf die Verordnung über die technischen Rahmenbedingungen des elektronischen Rechtsverkehrs und über das besondere elektronische Behördenpostfach (Elektronischer-Rechtsverkehr-Verordnung – ERVV) in der jeweils geltenden Fassung sowie auf die Internetseite www.justiz.de verwiesen.

Direktor des Amtsgerichts

Erlass des Beschlusses (§ 38 Abs. 3 Satz 3 FamFG):
Verkündung am 08.12.2020.

Justizbeschäftigte
als Urkundsbeamtin der Geschäftsstelle

Beglaubigt:

(Dienstsiegel)

Justizbeschäftigte
als Urkundsbeamtin der Geschäftsstelle

10. Schreiben der Kindesmutter an das Jugendamt:[64]

Sehr geehrter Herr Sachbearbeiter,

vielen Dank für die Weiterleitung des Gerichtsbeschlusses.

Wie geht es nun weiter?

Mit freundlichen Grüßen

Kindesmutter

[64] 16.12.2020

11. Schreiben des Jugendamts an die Kindesmutter:[65]

Betreff: Beistandschaft

Sehr geehrte Kindesmutter,

es kann bezüglich Ihres rechtlichen Begehrens keine Empfehlung ausgesprochen werden, einen Rechtsbehelf gegen die ergangene Entscheidung einzulegen. Ferner nicht, wie Sie dies bereits angesprochen hatten, einen weiteren Antrag für die Unterhaltsrückstände aus 2017 zu stellen.

Die Empfehlung basiert darauf, dass das Gericht die Entscheidung über Ihren Antrag im Wesentlichen daran knüpft, dass die Eltern der Antragsteller im Jahr 2016 zusammen gelebt haben. Daraus resultiert, dass der Kindesvater naturalunterhaltverpflichtet war, nicht barunterhaltverpflichtet.

Die Barunterhaltsverpflichtung konnte nicht bewiesen werden und ferner ist nicht ersichtlich, wie diese in einem weiteren Verfahren erreicht werden kann.

Ferner bestehen Indizien, die das Gericht ausführt, die ebenfalls gegen ein Getrenntleben sprechen. Das gezahlte Elterngeld an den

[65] 17.12.2020

Kindesvater, das nur gezahlt wird, wenn sich der Kindesvater familiär einbringt.

Dieser Faktor hat das Gericht dazu bewegt, den Antrag zurückzuweisen. Es ist nicht ersichtlich, wie das Getrenntleben und damit die Unterhaltsverpflichtung weiter dargetan und bewiesen werden soll.

Ferner führt das Gericht aus, dass keine wirksame und gerichtlich verwendbare Inverzugsetzung erfolgt ist und somit dies auch den Antrag zu Fall bringt.

Dies ist auch nicht mehr nachholbar und somit für die Geltendmachung des Unterhalts aus 2016 fatal und für die weitere Geltendmachung der Folgejahre ebenfalls.

Es ist daher nicht erkennbar, wie mit Aussicht auf Erfolg gegen diese Entscheidung vorgegangen werden sollte. Ein Antrag für das Jahr 2017 würde selbig entschieden wie der Antrag für das Jahr 2016.

Dies würde erneut dazu führen, dass Sie die Kosten zu tragen haben, wie dies auch aktuell entschieden worden ist.

Ansonsten wird angeregt, einen Anwalt zwecks Beratung zu beauftragen.

Mit freundlichen Grüßen
Im Auftrag

Sachbearbeiter

12. Schreiben der Kindesmutter an das Jugendamt:[66]

Sehr geehrter Herr Sachbearbeiter,

vielen Dank für die Einschätzung der Sachlage.

Können Sie mir mitteilen, mit welchen Kosten nun in etwa zu rechnen ist?

Mit freundlichen Grüßen

Kindesmutter

[66] 17.12.2020

Printed by Books on Demand GmbH, Norderstedt / Germany